www.QuoraChinese.com

ESSENTIAL GUIDE TO CHINESE HISTORY

PART 14

MING DYNASTY

明朝

SECOND EDITION (LARGE PRINT)

学习简单的中国历史文化

QING QING JIANG

PREFACE

Welcome to the Chinese History series, a series dedicated to helping Mandarin Chinese learners improve Chinese reading skills. In this series, we will discover China's 5,000-year-old history. Each of the book will focus on one important ruling Chinese dynasty. The books contain numerous lessons in Mandarin Chinese. We start with a ruling dynasty specific preface (前言), a brief introduction to the dynasty or related themes, and continue to dig the important aspects of the ruling era, such as politics, economy, etc. in the form or chapters. Each book contains 5 to 10 chapters. For the readers' convenience, a comprehensive list of vocabulary has been provided at the beginning of each chapter. The pinyin for the Chinese text is provided after the main text. Further, to enforce deeper learning, the English interpretation of the Chinese text has been purposely excluded for the books. This would help the readers think deeply about the contents the way native Chinese think. In order to help the Chinese learner remember important characters, words, long words, idioms, etc., these entities have been purposely repeated throughout the book, and across the books in the series. Taken together, the books in Chinese History series will tremendously help readers improve their Chinese reading skills.

If you have any questions, suggestions, and feedbacks, feel free to let me know in the review or comments.

You can find more about China and Chinese culture on my amazon homepage.

I blog at:

www.QuoraChinese.com

-Qing Qing 江清清

©2023 Qing Qing Jiang

All rights reserved.

ESSENTIAL GUIDE TO CHINESE HISTORY

ACKNOWLEDGMENTS

I am a blogger. It has been a long and interesting journey since I started blogging quite a few years ago.

The blogging passion enabled me to write useful contents. In particular, I have been writing about China, and its culture.

My passion in writing was supported by my friends, colleagues, and most importantly, the almighty.

I thank everyone for constantly inspiring me in my life endeavours.

CONTENTS

PREFACE 2
ACKNOWLEDGMENTS 4
CONTENTS 5
INTRODUCTION TO THE HISTORY OF MING DYNASTY (明朝历史简介)8
JINGNAN BATTLE (靖难之役) 11
YONGLE MOVED THE CAPITAL (永乐迁都) 18
ZHENG HE'S VOYAGES (郑和下西洋) 24
QI JIGUANG RESISTS JAPANESE PIRATES (戚继光抗倭) 31
ZHANG JUZHENG REFORM (张居正改革) 45

前言

朱元璋推翻元朝后，建立了明朝。明朝一共经历了十六位皇帝，享国二百七十六年。明朝的前期政治清明，国家的实力也十分强大，人民的生命安全和财产安全都得到了有效的保障，而且郑和七下西洋的故事也发生在这个时候，与周边国家有着和谐友好的往来。到了中期，便开始由盛转衰，国力也大不如前，到了晚期，社会矛盾进一步激化，出现了宦官专政的局面，而且加上倭寇入侵，最后落得个无力回天的地步。回想起历朝历代，仿佛都是按照这样的发展顺序，这也是历史的选择。但总的来说，明朝是一个很有趣的年代，感兴趣的可以去阅读当代明月的《明朝那些事儿》，全系列一共有七本，以历史事实为基础，再加上小说的写法，让一本写历史的书变得十分有趣，大人小孩都可以看，一经出版便受到了极大的欢迎。接下来让我们来介绍几个明朝的历史大事件，使得大家对明朝有一个整体的认知。

Zhūyuán zhāng tuīfān yuáncháo hòu, jiànlìle míng cháo. Míng zhāo yīgòng jīnglìle shíliù wèi huángdì, xiǎng guó èrbǎi qīshíliù nián. Míng cháo de qiánqí zhèngzhì qīngmíng, guójiā de shílì yě shífēn qiángdà, rénmín de shēngmìng ānquán hé cáichǎn ānquán dōu dédàole yǒuxiào de bǎozhàng, érqiě zhèng hé qī xià xīyáng de gùshì yě fāshēng zài zhège shíhòu, yǔ zhōubiān guójiā yǒuzhe héxié yǒuhǎo de wǎnglái. Dàole zhōngqí, biàn kāishǐ yóu shèng zhuǎn shuāi, guólì yě dà bùrú qián, dàole wǎnqí, shèhuì máodùn jìnyībù jīhuà, chūxiànle huànguān zhuānzhèng de júmiàn, érqiě jiā shàng wōkòu rùqīn, zuìhòu luòdé gè wúlì huí tiān dì dìbù. Huíxiǎng qǐ lìcháo lìdài, fǎngfú dōu shì ànzhào zhèyàng de fǎ zhǎn shùnxù, zhè yěshì lìshǐ de xuǎnzé. Dàn zǒng de lái shuō, míng cháo shì yīgè hěn yǒuqù de niándài, gǎn xìngqù de kěyǐ qù yuèdú dāngdài míngyuè de "míng cháo nàxiē shì er", quán xìliè yīgòng yǒu qī běn, yǐ lìshǐ shìshí wèi jīchǔ, zài jiā shàng xiǎoshuō de xiěfǎ, ràng yī běn xiě lìshǐ de shū biàn dé shífēn yǒuqù, dàrén xiǎohái dōu kěyǐ kàn, yījīng chūbǎn biàn shòudàole jí dà de huānyíng. Jiē xiàlái ràng wǒmen lái jièshào jǐ gè míng cháo de lìshǐ dà shìjiàn, shǐdé dàjiā duì míng cháo yǒu yīgè zhěngtǐ de rèn zhī.

INTRODUCTION TO THE HISTORY OF MING DYNASTY (明朝历史简介)

The Ming Dynasty (明朝), ruling China from 1368 to 1644, was a unified dynasty in Chinese history. It was established by **Zhu Yuanzhang** (朱元璋, 1328-1398), who reigned from 1368 to 1398. His title was **Ming Taizu** (明太祖).

The dynasty had a total of 16 emperors, ruling for a total of 276 years.

Zhu Yuanzhang was poor when he was young. He used to herd the cattle. At the end of the Yuan Dynasty (元朝, 1271-1368), the Red Turban Uprising broke out (元末农民起义). Zhu Yuanzhang, at the age of 25, joined the Red Turban Army (红巾军) led by Guo Zixing (郭子兴, 1302-1355) and fought against the Yuan Dynasty.

In 1364, Zhu Yuanzhang was called the King of Wu (吴王), the kingdom historically known as Western Wu (西吴/吴国, 1364-1368). At the beginning of 1368, he founded the Ming Dynasty and proclaimed to be its emperor. The country was called Da Ming (大明). Its capital was Nanjing (南京).

In 1421, Zhu Di (朱棣/明成祖, 1360-424), the third emperor of the Ming Dynasty, who reigned from 1402 to 1424, moved the capital to Beijing, while Nanjing remained the alternate capital (陪都).

In the early Ming Dynasty the country was strong, especially after the **Rule of Hongwu** (洪武之治), the **Prosperous age of Yongle** (永乐盛世), and the **Rule of Ren Xuan** (仁宣之治). The rule of Hongwu, also known as the Prosperous Age of Hongwu, appeared during the reign of Zhu

Yuanzhang, the first emperor of the Ming Dynasty. The Prosperous Age of Yongle was a glorious age that appeared during the reign of Emperor Chengzu (Zhu Di), the third emperor. Rule of Ren Xuan or Ren Xuan Prosperous Age, witnesses a series of good policy measures adopted by the emperor Ming Renzong (明仁宗/朱高炽, Zhu Gaochi, 1378-1425, reigned 1424-1425), and emperor Ming Xuanzong (明宣宗/朱瞻基, Zhu Zhanji, 1399-1435, reigned 1425-435). The emergence of these three prosperous ages in the early Ming Dynasty ensured that the life of common people was peaceful and prosperous.

Unfortunately, the Battle of Tumu Fortress 土木之变) in 1449 was a huge blow to the Ming Dynasty. In this battle, the Ming Dynasty was defeated at the Tumu Fort (土木堡), located in the modern Huailai County, Zhangjiakou City, Hebei Province, China (中国河北省张家口市怀来县). Afterwords, the prosperity of the empire begun to decline.

In the late Ming Dynasty, due to political corruption, internal conflicts, natural disasters, and foreign aggression, the national strength declined. The peasant uprisings further worsened the situation.

In 644, Li Zicheng (李自成 1606-1645), the leader of the peasant uprising, invaded Beijing. Emperor Chongzhen (崇祯帝/朱由检, 1611-1644, reigned 1627-1644), the last emperor of the unified Ming Dynasty, hanged himself, and the grand Ming Dynasty perished.

The Ming Dynasty clan established a number of regimes in the south, known as Nanming (南明). However, the Qing Dynasty (清朝, 1636-1912) troops successively defeated the regimes of Nanming. In 1662, Emperor Yongli (朱由榔, 1623-1662), the last Ming emperor, was killed. Hence, Nanming collapsed.

During the Ming Dynasty, the power of absolute monarchy was unprecedentedly strengthened, the multi-ethnic nation was further unified, and the imperial court's power was consolidated. At the beginning of the Ming Dynasty, secret intelligence agency was established, which strengthened the centralization of authoritarianism. The dictatorship of eunuchs in the middle and late stages of the dynasty created trouble for the state. Further, the peasants' struggle against feudalism also became a norm.

In the Ming Dynasty, the handicraft industry and commodity economy prospered, industrialization was promoted, and commercial markets and towns emerged. The peak population of the Ming Dynasty remains debatable; however, numerous studies suggest it to be somewhere between 70 to 200 million.

The territory of the Ming Dynasty was huge, reaching the Sea of Japan (日本海) and the outer Xing'an Mountains (外兴安岭) in the northeast (东北). In the north, it touched the Liaohe River Basin (辽河流域). In the west, it reached as far as to Hami, Xinjiang (新疆哈密). In the southwest, it reached Myanmar, northern border of Siam, and to modern Yunnan.

JINGNAN BATTLE (靖难之役)

1	第一个	Dì yī gè	First; the first; the first one
2	明朝	Míng cháo	The Ming dynasty; tomorrow morning
3	大事件	Dà shìjiàn	Breaking news
4	皇位	Huángwèi	Throne
5	争夺	Zhēngduó	Fight for; enter into rivalry with somebody over something; strive for; vie with somebody for something
6	古代	Gǔdài	Ancient; archaic; ancient times; antiquity
7	皇位继承	Huángwèi jìchéng	Royal cabinet
8	嫡长子	Dí zhǎngzǐ	Wife's eldest son
9	继承	Jìchéng	Inherit; succeed; carry on; carry forward
10	朱元璋	Zhūyuánzhāng	Zhu Yuanzgang (1328-1398), founder of the Ming dynasty
11	孙子	Sūnzi	Grandson
12	不满	Bùmǎn	Resentful; dissatisfied
13	随之而来	Suí zhī ér lái	In the train of
14	野心	Yěxīn	Wild ambition
15	自己的	Zìjǐ de	Self
16	实力	Shílì	Actual strength; strength
17	皇帝	Huángdì	Emperor
18	实在	Shízài	True; real; honest
19	意外	Yìwài	Unexpected; unforeseen; accident; mishap
20	想方设法	Xiǎngfāng shèfǎ	In every possible way; do everything possible to; find ways and means to;

21	篡位	Cuànwèi	Usurp the throne
22	不敢	Bù gǎn	Dare not; not dare
23	明目张胆	Míngmù zhāngdǎn	In a flagrant way; before one's very eyes; do evil things openly and unscrupulously
24	毕竟	Bìjìng	After all; all in all; in the final analysis
25	自选	Zìxuǎn	Free; optional
26	人选	Rénxuǎn	Person selected; choice of persons
27	当面	Dāngmiàn	To somebody's face; in somebody's presence; face to face
28	反对	Fǎnduì	Oppose; be opposed to; object to; be against
29	暗地里	Àndìlǐ	Secretly; inwardly; on the sly
30	小动作	Xiǎodòngzuò	Petty action; little trick; gamesmanship
31	直到	Zhídào	Until
32	彻底	Chèdǐ	Thorough; thoroughgoing
33	本来	Běnlái	Original
34	已经	Yǐjīng	Already
35	还要	Hái yào	Even/still more; still want to
36	削弱	Xuēruò	Weaken; cripple; relax; relaxation
37	他的	Tā de	His; him
38	权力	Quánlì	Power; authority
39	想想	Xiǎng xiǎng	Think; take under consideration; cogitate; fancy
40	生前	Shēngqián	Before one's death; during one's lifetime
41	扰乱	Rǎoluàn	Harass; disturb; create confusion; cause havoc with
42	朝政	Cháo zhèng	Affairs of state; the political situation and power of an imperial

			government
43	绳之以法	Shéng zhī yǐ fǎ	Be dealt with according to law; bring to justice; enforce laws upon somebody
44	清君侧	Qīngjūncè	Rid the emperor of "evil" ministers; clean up those around the emperor
45	名号	Míng hào	Name; title; fame
46	乱臣贼子	Luànchén zéizǐ	Treacherous ministers and traitors; rebellious ministers
47	遗嘱	Yízhǔ	Testament; will; dying words
48	肃清	Sùqīng	Eliminate; clean up; mop up; root out
49	软弱无能	Ruǎnruò wúnéng	Be weak and incompetent; flabby and impotent
50	性子	Xìngzi	Temper; disposition; strength; potency
51	强势	Qiángshì	Strong tendency; great momentum; strong (or powerful) position
52	优柔寡断	Yōuróu guǎduàn	Irresolute and hesitant; be weak and irresolute
53	样子	Yàngzi	Appearance; shape
54	确实	Quèshí	True; reliable; demonstration; really
55	不得不	Bùdé bù	Have no choice but to; be bound to; be obliged to do something; cannot but
56	性格	Xìnggé	Nature; disposition; temperament; character
57	不适合	Bù shìhé	Unsuited; inadequacy; inconvenience
58	军队	Jūnduì	Armed forces; army; troops; host
59	一直	Yīzhí	Straight; straightforward
60	不断	Bùduàn	Ceaseless; unceasing; uninterrupted; continual
61	集结	Jíjié	Mass; concentrate; build up

62	其实	Qíshí	Actually; in fact; as a matter of fact; really
63	老谋深算	Lǎomóu shēnsuàn	Make every move only after mature deliberation; be circumspect and farsighted; circumspect and farseeing; experienced and astute
64	很多	Hěnduō	A lot of; a great many of; a good many of
65	支持	Zhīchí	Sustain; hold out; bear; support
66	虽然	Suīrán	Though; although
67	镇压	Zhènyā	Suppress; repress; put down; execute
68	用兵	Yòngbīng	Resort to arms; use military forces
69	错误	Cuòwù	Wrong; mistaken; incorrect; erroneous
70	发挥	Fāhuī	Bring into play; give play to; give scope to; give free rein to
71	应有	Yīng yǒu	Due; proper; deserved
72	战斗力	Zhàndòulì	Combat effectiveness; fighting capacity; sword
73	死伤	Sǐshāng	Casualties; killed and wounded
74	非常	Fēicháng	Extraordinary; unusual; special; very
75	惨重	Cǎnzhòng	Heavy; grievous; disastrous; calamitous
76	势如破竹	Shìrú pòzhú	Like splitting bamboo; without much difficulty
77	攻下	Gōng xià	Capture; take; overcome
78	城池	Chéngchí	City wall and moat; city
79	攻破	Gōngpò	Breakthrough; make a breakthrough; breach
80	南京	Nánjīng	Nanjing
81	谋取	Móuqǔ	Try to gain; seek; obtain

| 82 | 历史上 | Lìshǐ shàng | Historically; in history |
| 83 | 战役 | Zhànyì | Campaign; battle |

Chinese (中文)

我们要说的第一个明朝的大事件，那就是朱棣的皇位争夺之战。

大家都知道，中国古代的皇位继承制是嫡长子继承制。而朱元璋死后，并没有把皇位传给他的儿子朱棣，而是跨一代传给了孙子朱允炆，这件事本身就让很多人感到不满，而且朱允炆也不是一个特别有能力的人，根本就难以服众，所以随之而来的便是一场激烈的皇位争夺战。

而这其中最有野心的便是燕王朱棣。他认为自己的实力不差，连朱允炆都能当上皇帝，自己为什么不能？而且这皇位本该就应该由他继承，让朱允炆当上皇帝实在是意外，于是他想方设法的想要谋权篡位。

但是朱棣也不敢太过明目张胆，毕竟是朱元璋亲自选的人选，他也不敢当面反对，只是暗地里做些小动作。

直到朱允炆提出削藩，朱棣彻底不干了。本来朱棣来就已经很不满了，朱允炆还要削弱他的权力，真是想想就来气。

朱元璋生前说过，如果皇帝身边有扰乱朝政的人，应当将他们绳之以法。所以朱棣借此理由，打着"清君侧"的名号，说朱允炆身边的人是乱臣贼子，按照先帝的遗嘱应当加以肃清。

而朱棣也抓准了朱允炆软弱无能的性子，知道他不是一个强势的人，而且处理事情优柔寡断，没有半分做皇帝的样子。事实也确实如此，我们不得不说朱允炆的性格确实不适合当皇帝。

但是朱棣的军队一直在不断的集结，明面上说是清君侧，其实就是谋权篡位。而朱棣老谋深算，得到了很多人的支持。

虽然朱允炆也派兵镇压了，但是由于用兵的错误，并没有发挥出应有的战斗力，死伤非常惨重。

朱棣势如破竹，攻下了许多城池，直到最后攻破南京，成功谋取皇位。历史上称这场战役为靖难之役，也称靖难之变。

Pinyin (拼音)

Wǒmen yào shuō de dì yīgè míng cháo de dà shìjiàn, nà jiùshì zhūdì de huángwèi zhēngduó zhī zhàn.

Dàjiā dōu zhīdào, zhōngguó gǔdài de huángwèi jìchéng zhì shì dí zhǎngzǐ jìchéng zhì. Ér zhūyuánzhāng sǐ hòu, bìng méiyǒu bǎ huángwèi chuán gěi tā de érzi zhūdì, ér shì kuà yīdài chuán gěile sūnzi zhūyǔnwén, zhè jiàn shì běnshēn jiù ràng hěnduō rén gǎndào bùmǎn, érqiě zhūyǔnwén yě bùshì yīgè tèbié yǒu nénglì de rén, gēnběn jiù nányǐ fú zhòng, suǒyǐ suí zhī ér lái de biàn shì yī chǎng jīliè de huángwèi zhēngduó zhàn.

Ér zhè qízhōng zuì yǒu yěxīn de biàn shì yàn wáng zhūdì. Tā rènwéi zìjǐ de shílì bù chā, lián zhūyǔnwén dōu néng dāng shàng huángdì, zìjǐ wèishéme bùnéng? Érqiě zhè huángwèi běn gāi jiù yīnggāi yóu tā jìchéng, ràng zhūyǔnwén dāng shàng huángdì shízài shì yìwài, yúshì tā xiǎngfāngshèfǎ de xiǎng yào móu quán cuànwèi.

Dànshì zhūdì yě bù gǎn tàiguò míngmùzhāngdǎn, bìjìng shì zhūyuánzhāng qīnzì xuǎn de rénxuǎn, tā yě bù gǎn dāngmiàn fǎnduì, zhǐshì àndìlǐ zuò xiē xiǎodòngzuò.

Zhídào zhūyǔnwén tíchū xuē fān, zhūdì chèdǐ bù gān le. Běnlái zhūdì lái jiù yǐjīng hěn bùmǎnle, zhūyǔnwén hái yào xuēruò tā de quánlì, zhēnshi xiǎng xiǎng jiù lái qì.

Zhūyuánzhāng shēngqián shuōguò, rúguǒ huángdì shēnbiān yǒu rǎoluàn cháozhèng de rén, yīngdāng jiāng tāmen shéng zhī yǐ fǎ. Suǒyǐ zhūdì jiè cǐ lǐyóu, dǎzhe "qīngjūncè" de míng hào, shuō zhūyǔnwén shēnbiān de rén shì luànchén zéizǐ, ànzhào xiāndì de yízhǔ yīngdāng jiāyǐ sùqīng.

Ér zhūdì yě zhuā zhǔnle zhūyǔnwén ruǎnruò wúnéng dì xìngzi, zhīdào tā bùshì yī gè qiángshì de rén, érqiě chǔlǐ shìqíng yōuróuguǎduàn, méiyǒu bànfēn zuò huángdì de yàngzi. Shìshí yě quèshí rúcǐ, wǒmen bùdé bù shuō zhūyǔnwén dì xìnggé quèshí bù shìhé dāng huángdì.

Dànshì zhūdì de jūnduì yīzhí zài bùduàn de jíjié, míng miàn shàng shuō shì qīngjūncè, qíshí jiùshì móu quán cuànwèi. Ér zhūdì lǎomóushēnsuàn, dédàole hěnduō rén de zhīchí.

Suīrán zhūyǔnwén yě pàibīng zhènyāle, dànshì yóuyú yòngbīng de cuòwù, bìng méiyǒu fāhuī chū yīng yǒu de zhàndòulì, sǐshāng fēicháng cǎnzhòng.

Zhūdì shìrúpòzhú, gōng xiàle xǔduō chéngchí, zhídào zuìhòu gōngpò nánjīng, chénggōng móuqǔ huángwèi. Lìshǐ shàng chēng zhè chǎng zhànyì wèi jìng nàn zhī yì, yě chēng jìng nàn zhī biàn.

YONGLE MOVED THE CAPITAL (永乐迁都)

1	由于	Yóuyú	Owing to; thanks to; as a result of; due to
2	北方	Běifāng	North; the northern part of the country
3	大部分	Dà bùfèn	Most; best; gross
4	受到	Shòudào	Be given
5	战乱	Zhànluàn	Chaos caused by war
6	无论	Wúlùn	No matter what, how, etc.; regardless of
7	还是	Háishì	Still; nevertheless; all the same
8	遭到	Zāo dào	Suffer; meet with; encounter
9	很大	Hěn dà	Great; large
10	破坏	Pòhuài	Destroy; wreck; ruin; do great damage to
11	移出	Yíchū	Shift out
12	城防	Chéngfáng	The defense of a city
13	战略要地	Zhànlüè yào dì	Strategic area; important strategic point
14	下令	Xià lìng	Give orders; order
15	一部分	Yībùfèn	A part; a portion
16	移居	Yíjū	Move one's residence; migrate
17	安居	Ānjū	Live a peaceful life; have quiet days; settle down
18	种田	Zhòngtián	Till the land; farm
19	种菜	Zhòng cài	Grow vegetables
20	边防	Biānfáng	Frontier defense; border defense
21	短短	Duǎn duǎn	Short; brief
22	赫赫有名	Hèhè	Having a great reputation; well-

		yǒumíng	renowned; far-famed; illustrious
23	军事基地	Jūnshì jīdì	Military base
24	那就是	Nà jiùshì	That is; that is to say
25	温带	Wēndài	Temperate zone
26	季风	Jìfēng	Monsoon
27	农作物	Nóngzuòwù	Crops
28	冻死	Dòng sǐ	Freeze to death; freeze and perish; die of frost
29	粮食产量	Liángshí chǎnliàng	Grain yield
30	那么多	Nàme duō	That many; that much
31	想出	Xiǎng chū	Dope out; think; enter; excogitate
32	开通	Kāitōng	Remove obstacles from; dredge; clear; open-minded; liberal; enlightened; broad-minded
33	大运河	Dà yùnhé	The Grand Canal
34	运河	Yùnhé	Canal
35	南方	Nánfāng	South; the southern part of the country
36	水道	Shuǐdào	Water channel; channel; waterway; watercourse
37	北京	Běijīng	Beijing; Peking
38	一段时间	Yīduàn shíjiān	A period of time
39	其实	Qíshí	Actually; in fact; as a matter of fact; really
40	很多	Hěnduō	A lot of; a great many of; a good many of
41	政治	Zhèngzhì	Politics; political affairs
42	经济	Jīngjì	Economy; economic; of industrial or economic value; financial condition

43	军事力量	Jūnshì lìliàng	Military force; military strength
44	慢慢	Màn man	Slowly; leisurely; gradually
45	倾斜	Qīngxié	Bias; tilt; dip; lean
46	原先	Yuánxiān	Former; original
47	南京	Nánjīng	Nanjing
48	太子	Tàizǐ	Crown prince
49	遇到	Yù dào	Run into; encounter; come across
50	通报	Tōngbào	Circulate a notice; circular; bulletin; journal
51	定夺	Dìngduó	Make a final decision; decide
52	不方便	Bù fāngbiàn	Inconvenience; inconvenient; discomfort; inconveniences
53	解决问题	Jiějué wèntí	Solve a problem; settle a dispute
54	低下	Dīxià	Low; lowly
55	所以	Suǒyǐ	So; therefore; as a result
56	大臣	Dàchén	Minister; secretary
57	提议	Tíyì	Propose; suggest; move
58	不如	Bùrú	Not equal to; not as good as; inferior to; cannot do better than
59	心中	Xīnzhōng	In the heart; at heart; in mind
60	一拍即合	Yīpāi jíhé	Fit in easily with; become good friends after brief contact; chime in easily; click
61	大规模	Dà guīmó	Large-scale; extensive; massive; mass
62	修筑	Xiūzhù	Build; construct; put up
63	经过	Jīngguò	Pass; go through; go by
64	建造	Jiànzào	Formation; construct; build; make
65	终于	Zhōngyú	At last; in the end; finally; eventually
66	竣工	Jùngōng	Be completed
67	明朝	Míng cháo	The Ming dynasty; tomorrow

			morning
68	格局	Géjú	Pattern; setup; structure; style
69	重心	Zhòngxīn	Heart; core; focus; key point
70	回到	Huí dào	Return to; go back to

Chinese (中文)

在靖难之役后，由于北方大部分地区受到了战乱的影响，无论是生产还是生活都遭到了很大的破坏。

北京的人口被迫大量移出，因而城防力量大大削弱。但是北京又是一个战略要地，朱棣十分重视，因而下令让一部分人移居到北京，让他们在北京安居，种田种菜。同时还训练军队，提高北京的边防力量。

短短几年，北京成为全国赫赫有名的军事基地。但是，北京存在着一个致命的弊端，也正是这个弊端让之前的北京没有发展起来，那就是北京的气候。北京是温带季风性气候，降水较少，而且冬季气温低，很多农作物都被冻死了，农作物的种植受到了很大的限制，因而粮食产量也比较低，根本供不了那么多人。

所以朱棣想出了一个解决方案，那就是开通大运河。大运河开通的意义就是运粮，因为南方适合种植农作物而且产量高，通过这条水道将粮食从南方运到北方，史称"南粮北运"，所以北京缺粮的这个问题就得到了解决。

由于朱棣在很长一段时间都待在北京，其实很多的政治经济军事力量都在慢慢的往北京倾斜。

原先的南京就交由太子打理，虽然太子也能处理一些事情，但是遇到了比较重大的事件，还是得通报北京，让朱棣来定夺，这样一来一回，其实挺不方便的，解决问题的效率非常低下。

所以一些大臣提议，不如建设北京，将北京定为国都。其实这正是朱棣心中所想的，所以他们一拍即合，北京便开始了大规模的修筑。

经过了四年的建造，北京城终于竣工。到了明朝这一代，格局发生改变，经济重心又回到了北方。

Pinyin (拼音)

Zài jìng nàn zhī yì hòu, yóuyú běifāng dà bùfèn dìqū shòudàole zhànluàn de yǐngxiǎng, wúlùn shì shēngchǎn háishì shēnghuó dōu zāo dàole hěn dà de pòhuài.

Běijīng de rénkǒu bèi pò dàliàng yíchū, yīn'ér chéngfáng lìliàng dàdà xuēruò. Dànshì běijīng yòu shì yīgè zhànlüè yào dì, zhūdì shí fèn zhòngshì, yīn'ér xiàlìng ràng yībùfèn rén yíjū dào běijīng, ràng tāmen zài běijīng ānjū, zhòngtián zhòng cài. Tóngshí hái xùnliàn jūnduì, tígāo běijīng de biānfáng lìliàng.

Duǎn duǎn jǐ nián, běijīng chéngwéi quánguó hèhè yǒumíng de jūnshì jīdì. Dànshì, běijīng cúnzàizhe yīgè zhìmìng de bìduān, yě zhèng shì zhège bìduān ràng zhīqián de běijīng méiyǒu fāzhǎn qǐlái, nà jiùshì běijīng de qìhòu. Běijīng shì wēndài jìfēng xìng qìhòu, jiàngshuǐ jiào shǎo, érqiě dōngjì qìwēn dī, hěnduō nóngzuòwù dōu bèi dòng sǐle, nóngzuòwù de zhòngzhí shòudàole hěn dà de xiànzhì, yīn'ér liángshí chǎnliàng yě bǐjiào dī, gēnběn gōng bùliǎo nàme duō rén.

Suǒyǐ zhūdì xiǎng chūle yīgè jiějué fāng'àn, nà jiùshì kāitōng dà yùnhé. Dà yùnhé kāitōng de yìyì jiùshì yùn liáng, yīnwèi nánfāng shìhé zhòngzhí nóngzuòwù érqiě chǎnliàng gāo, tōngguò zhè tiáo shuǐdào jiāng liángshí cóng nánfāng yùn dào běifāng, shǐ chēng "nán liáng běi yùn", suǒyǐ běijīng quē liáng de zhège wèntí jiù dé dào liǎo jiějué.

Yóuyú zhūdì zài hěn zhǎng yīduàn shíjiān dōu dài zài běijīng, qíshí hěnduō de zhèngzhì jīngjì jūnshì lìliàng dōu zài màn man de wǎng běijīng qīngxié.

Yuánxiān de nánjīng jiù jiāo yóu tàizǐ dǎ lǐ, suīrán tàizǐ yě néng chǔlǐ yīxiē shìqíng, dànshì yù dàole bǐjiào zhòngdà de shìjiàn, háishì dé tōngbào běijīng, ràng zhūdì lái dìngduó, zhèyàng yī lái yī huí, qíshí tǐng bù fāngbiàn de, jiějué wèntí de xiàolǜ fēicháng dīxià.

Suǒyǐ yīxiē dàchén tíyì, bùrú jiànshè běijīng, jiāng běijīng dìng wèi guódū. Qíshí zhè zhèng shì zhūdì xīnzhōng suǒ xiǎng de, suǒyǐ tāmen yīpāijíhé, běijīng biàn kāishǐle dà guīmó de xiūzhù.

Jīngguòle sì nián de jiànzào, běijīng chéng zhōngyú jùngōng. Dàole míng cháo zhè yīdài, géjú fāshēng gǎibiàn, jīngjì zhòngxīn yòu huí dàole běifāng.

ZHENG HE'S VOYAGES (郑和下西洋)

1	郑和下西洋	Zhèng hé xià xī yáng	Zheng He's voyages (1405-1431) in the South Seas as far as Africa
2	西洋	Xīyáng	The West; the Western world
3	故事	Gùshì	Story; tale; plot; old practice; routine
4	发生在	Fāshēng zài	Happen to; occur to; Occurs
5	明朝	Míng cháo	The Ming dynasty; tomorrow morning
6	早期	Zǎoqí	Early stage; early phase
7	当时	Dāngshí	Then; at that time; just at that moment; right away; at once; immediately
8	在位	Zài wèi	Be on the throne; reign
9	国力	Guólì	National power; national capabilities; national strength
10	十分	Shífēn	Very; fully; utterly; extremely
11	强盛	Qiáng shèng	Powerful and prosperous
12	大概是	Dàgài shì	The chances are
13	上位	Shàngwèi	Superior
14	迫切	Pòqiè	Urgent; pressing
15	本国	Běnguó	One's own country
16	繁荣	Fánróng	Flourishing; prosperous; booming
17	富强	Fùqiáng	Prosperous and strong; thriving and powerful; rich and mighty
18	派遣	Pàiqiǎn	Send someone on mission; dispatch
19	亲信	Qīnxìn	Trusted follower

20	也就是	Yě jiùshì	Namely; i.e.; that is
21	支撑	Zhīchēng	Prop up; sustain; support; strut
22	得益于	Dé yì yú	Get benefit from; profit from; benefit by; profit by
23	指南针	Zhǐnán zhēn	Compass
24	厉害	Lìhài	Severe; sharp; cruel; fierce
25	在当时	Zài dāngshí	At that time; in those days; at the time
26	船只	Chuánzhī	Shipping; vessels
27	各式各样	Gè shì gè yàng	Every kind of; all sorts of; all kinds of
28	既然	Jìrán	Since; as; now that
29	硬件	Yìngjiàn	Hardware
30	非常	Fēicháng	Extraordinary; unusual; special; very
31	先进	Xiānjìn	Advanced
32	能力	Nénglì	Ability; capacity; capability
33	驾驭	Jiàyù	Drive
34	船队	Chuán duì	Boat train; fleet; armada; flotilla
35	知道	Zhīdào	Know; realize; be aware of
36	管理能力	Guǎnlǐ nénglì	Operating capability; supervisory capability; management ability
37	带领	Dàilǐng	Lead; head; guide
38	可谓	Kěwèi	One may well say; it may be said; it may be called
39	地利人和	Dìlì rén hé	The terrain is favorable and the people are friendly.; the advantage of the location and harmony of the masses
40	肯定	Kěndìng	Affirm; approve; confirm; regard

			as positive
41	不会	Bù huì	Will not; not likely; incapable
42	放过	Fàngguò	Let off; let slip
43	好机会	Hǎo jīhuì	Inside track
44	于是	Yúshì	Thereupon; hence; consequently; as a result
45	盘算	Pánsuàn	Calculate; consider and weigh; figure; plan
46	计划	Jìhuà	Plan; project; device
47	指示	Zhǐshì	Indicate; point out; instruct; directive
48	之下	Zhī xià	Under
49	许许多多	Xǔ xǔduō duō	Lots and lots of
50	奇珍异宝	Qí zhēn yì bǎo	Priceless treasures; invaluable; an extremely rare treasure
51	浩浩荡荡	Hào hàodàng dàng	Go forward with great strength and vigor
52	前往	Qiánwǎng	Go to; leave for; proceed to
53	太平洋	Tàipíng yáng	The Pacific
54	印度洋	Yìndù yáng	Indian ocean
55	沿岸	Yán'àn	Coastal; offshore
56	宣读	Xuāndú	Read out; read off
57	诏令	Zhào lìng	Imperial decree; imperial edict
58	恩宠	Ēn chǒng	Grace; imperial favor; show special favor to a minister
59	图报	Tú bào	Seek ways to return somebody's kindness
60	他们的	Tāmen de	Their; theirs

61	土特产	Tǔ tèchǎn	Local specialty; local specialty; local special products
62	拿出来	Ná chūlái	Take out; hand out; bring out
63	回赠	Huízèng	Send a present in return
64	此后	Cǐhòu	After that; after this; from now on; henceforth
65	将近	Jiāngjìn	Be close to; almost; nearby
66	三十	Sānshí	Thirty
67	年间	Niánjiān	During a certain era or age
68	异国	Yìguó	Foreign country; foreign land
69	路上	Lùshàng	On the road
70	几十	Jǐ shí	Dozens; several tens
71	大概	Dàgài	General idea; broad outline
72	到达	Dàodá	Arrive; get to; reach
73	非洲	Fēizhōu	Africa
74	不可否认	Bùkě fǒurèn	Undeniable
75	平心而论	Píng xīn ér lùn	Be honest; in all fairness; frankly; give the devil his due
76	基本上	Jīběn shàng	Mainly
77	入不敷出	Rùbù fūchū	Insufficient income; cannot make ends meet
78	对等	Duì děng	Reciprocity; equity; on an equal footing; reciprocal
79	这么些	Zhème xiē	So much; so many
80	慈善	Císhàn	Charitable; benevolent; philanthropic
81	所以	Suǒyǐ	So; therefore; as a result
82	看待	Kàndài	Look upon; regard; treat
83	应该	Yīnggāi	Should; ought to; must

84	看到	Kàn dào	See; catch sight of
85	一面	Yīmiàn	One side
86	不足之处	Bùzú zhī chù	Deficiencies; shortcomings; defects; inadequacy
	辩证	Biànzhèng	Discriminate; dialectical

Chinese (中文)

郑和下西洋的故事发生在明朝早期，当时明成祖朱棣在位，在他的管理下，国力十分强盛。

大概是因为他刚刚上位，他迫切的想要做出一点成绩给大家看。他也想向海外各国展示本国的强大，繁荣和富强，同时还能密切与他们之间的联系，于是他派遣身边的亲信，也就是郑和下西洋。

能支撑朱棣做这一决定的，还得益于当时先进的航海技术，指南针已经大范围应用了。而且造船技术也相当厉害，在当时，船只的种类已经有很多种了，各式各样的都有，类型非常齐全。

既然硬件已经非常先进了，还得需要一个能力者驾驭这支船队。朱棣知道郑和的组织管理能力很强，有能力带领这只船队。

这下可谓是天时地利人和，朱棣肯定不会放过这个好机会，于是盘算好了让郑和下西洋的计划。

在朱棣的指示之下，郑和带了两万多人，两百多艘船，还有许许多多的奇珍异宝，浩浩荡荡的下西洋，前往太平洋和印度洋沿岸的国家。

每到一个地方，郑和都会先宣读朱棣的诏令，以示恩宠。然后再把带来的奇珍异宝分发给他们，当地的一些人也懂得知恩图报，将他们的一些土特产拿出来回赠给郑和，郑和也收获了许多。

所以在此后的将近三十年间，郑和不是在异国，就是在去异国的路上。在这几十年间，郑和大概走了三十多个国家，最远一次甚至到达了非洲的东岸。

我们不可否认郑和下西洋为明朝和海外各国的经济文化交流做出了巨大的贡献，但是平心而论，这么多年，明朝基本上是入不敷出，付出的和得到的不对等，这么些年就相当于是做慈善了。

所以我们在看待郑和下西洋这件事时，既应该看到它好的一面，也应该看到不足之处，辩证的看待。

Pinyin (拼音)

Zhèng hé xià xīyáng de gùshì fāshēng zài míng cháo zǎoqí, dāngshí míng chéngzǔ zhūdì zài wèi, zài tā de guǎnlǐ xià, guólì shífēn qiángshèng.

Dàgài shì yīnwèi tā gānggāng shàngwèi, tā pòqiè de xiǎng yào zuò chū yīdiǎn chéngjī gěi dàjiā kàn. Tā yě xiǎng xiàng hǎiwài gèguó zhǎnshì běnguó de qiángdà, fánróng hé fùqiáng, tóngshí hái néng mìqiè yǔ tāmen zhī jiān de liánxì, yúshì tā pàiqiǎn shēnbiān de qīnxìn, yě jiùshì zhèng hé xià xīyáng.

Néng zhīchēng zhūdì zuò zhè yī juédìng de, hái dé yì yú dāngshí xiānjìn de hánghǎi jìshù, zhǐnánzhēn yǐjīng dà fànwéi yìngyòngle. Érqiě zàochuán jìshù yě xiāngdāng lìhài, zài dāngshí, chuánzhī de zhǒnglèi yǐjīng yǒu hěnduō zhǒngle, gè shì gè yàng de dōu yǒu, lèixíng fēicháng qíquán.

Jìrán yìngjiàn yǐjīng fēicháng xiānjìnle, hái dé xūyào yīgè nénglì zhě jiàyù zhè zhī chuán duì. Zhūdì zhīdào zhèng hé de zǔzhī guǎnlǐ nénglì hěn qiáng, yǒu nénglì dàilǐng zhè zhī chuán duì.

Zhè xià kěwèi shì tiānshí dìlì rén hé, zhūdì kěndìng bù huì fàngguò zhège hǎo jīhuì, yúshì pánsuàn hǎole ràng zhèng hé xià xīyáng de jìhuà.

Zài zhūdì de zhǐshì zhī xià, zhèng hé dàile liǎng wàn duō rén, liǎng bǎi duō sōu chuán, hái yǒu xǔ xǔduō duō de qí zhēn yì bǎo, hào hàodàng dàng de xià xīyáng, qiánwǎng tàipíngyáng hé yìndùyáng yán'àn de guójiā.

Měi dào yīgè dìfāng, zhèng hé dūhuì xiān xuāndú zhūdì de zhào lìng, yǐ shì ēn chǒng. Ránhòu zài bǎ dài lái de qí zhēn yì bǎo fēnfā gěi tāmen, dāngdì de yīxiē rén yě dǒngdé zhī ēn tú bào, jiāng tāmen de yīxiē tǔ tèchǎn ná chūlái huízèng gěi zhèng hé, zhèng hé yě shōuhuòle xǔduō.

Suǒyǐ zài cǐhòu de jiāngjìn sānshí niánjiān, zhèng hé bùshì zài yìguó, jiùshì zài qù yìguó de lùshàng. Zài zhè jǐ shí niánjiān, zhèng hé dàgài zǒule sānshí duō gèguójiā, zuì yuǎn yīcì shènzhì dàodále fēizhōu de dōng àn.

Wǒmen bùkě fǒurèn zhèng hé xià xīyáng wéi míng cháo hé hǎiwài gè guó de jīngjì wénhuà jiāoliú zuò chūle jùdà de gòngxiàn, dànshì píngxīn'érlùn, zhème duōnián, míng cháo jīběn shàng shì rùbùfūchū, fùchū de hé dédào de bùduì děng, zhème xiē nián jiù xiāngdāng yúshì zuò císhànle.

Suǒyǐ wǒmen zài kàndài zhèng hé xià xīyáng zhè jiàn shì shí, jì yīnggāi kàn dào tā hǎo de yīmiàn, yě yīnggāi kàn dào bùzú zhī chù, biànzhèng de kàndài.

QI JIGUANG RESISTS JAPANESE PIRATES (戚继光抗倭)

1	明朝	Míng cháo	The Ming dynasty; tomorrow morning
2	沿海地区	Yánhǎi dìqū	Coastal areas; coastland
3	侵扰	Qīnrǎo	Invade and harass
4	强盗	Qiángdào	Robber; bandit; pirate; highwayman
5	为所欲为	Wéisuǒ yùwéi	Do as one pleases; act on one's own will; act willfully; be free to do what one likes
6	杀人放火	Shārén fànghuǒ	Murder and burn; commit murder and arson; fire and sword; kill people and set places on fire
7	偷盗	Tōudào	Steal; pilfer
8	钱财	Qiáncái	Wealth; money
9	痛恨	Tònghèn	Hate bitterly; utterly detest
10	倭寇	Wōkòu	Japanese pirates
11	朝廷	Cháotíng	Royal or imperial court
12	十分	Shífēn	Very; fully; utterly; extremely
13	重视	Zhòngshì	Attach importance to; pay attention to; think highly of; take something seriously
14	将领	Jiànglǐng	High-ranking military officer; general
15	沿海地区	Yánhǎi dìqū	Coastal areas; coastland
16	平定	Píngdìng	Calm down; pacify
17	倭寇	Wōkòu	Japanese pirates
18	出色	Chūsè	Outstanding; remarkable; splendid
19	事迹	Shìjì	Deed; achievement
20	有名	Yǒumíng	Well-known; famous; celebrated

21	之下	Zhī xià	Under
22	从小	Cóngxiǎo	From childhood; since one was very young; as a child
23	十七	Shíqī	Seventeen
24	继承	Jìchéng	Inherit; succeed; carry on; carry forward
25	衣钵	Yībō	A Buddhist monk's mantle and alms bowl which he hands down to his favorite disciple; legacy
26	文武双全	Wénwǔ shuāng quán	Be adept with both the pen and the sword; expert in both literature and military affairs
27	青年	Qīngnián	Youth; young people
28	业务能力	Yèwù nénglì	Professional ability/qualifications
29	爱国	Àiguó	Love one's country; be patriotic
30	一个人	Yīgè rén	One
31	听说	Tīng shuō	Be told; hear of
32	强盗行为	Qiángdào xíngwéi	Banditry; robbery
33	气愤	Qìfèn	Indignant; furious; angry; with anger
34	主动	Zhǔdòng	Initiative; driving
35	请求	Qǐngqiú	Ask; request; demand; beg
36	前线	Qiánxiàn	Front; frontline
37	抵达	Dǐdá	Arrive; reach
38	时候	Shíhòu	Time
39	惊呆	Jīng dāi	Stupefaction; be stricken dumb with amazement
40	为什么	Wèi shéme	Why; why is it that; how is it that
41	这么	Zhème	So; such; this way; like this
42	看到	Kàn dào	See; catch sight of

43	士兵	Shìbīng	Rank-and-file soldiers; privates
44	战场	Zhàn chǎng	Battlefield; battleground; battlefront
45	杀敌	Shā dí	Fight the enemy; engage in battle
46	打法	Dǎ fǎ	Play
47	难怪	Nánguài	No wonder
48	打败仗	Dǎ bàizhàng	Suffer defeat in a battle
49	身先士卒	Shēnxiān shìzú	Be in the van of one's officers and men; charge at the head of one's men; lead one's men in a charge
50	榜样	Bǎng yàng	Example; model; pattern
51	英勇	Yīng yǒng	Heroic; valiant; brave; courageous
52	带领	Dàilǐng	Lead; head; guide
53	胜利	Shènglì	Win; victory; triumph; successfully
54	终于	Zhōngyú	At last; in the end; finally; eventually
55	嚣张	Xiāo zhāng	Rampant; arrogant; aggressive; unbridled
56	决心要	Juéxīn yào	Be bent on
57	强有力	Qiáng yǒulì	Strong; vigorous; forceful; powerful
58	征集	Zhēngjí	Collect
59	贫苦	Pínkǔ	Poor; poverty-stricken; badly off; impoverished
60	压迫	Yāpò	Oppress; repress; constrict; stress
61	反抗	Fǎnkàng	Revolt; resist; react
62	平时	Píngshí	In normal times; at ordinary times; in peacetime
63	严格训练	Yángé xùnliàn	Strict training; rigorous training
64	纪律严明	Jìlǜ yánmíng	Be highly disciplined; strict in discipline; The discipline is stern

			and clear
65	日复一日	Rì fù yī rì	Day in and day out; from day to day
66	年复一年	Nián fù yī nián	Year after year; from one year to another; year in and year out; year in, year out
67	队伍	Duìwǔ	Troops; army
68	出头	Chūtóu	Lift one's head; free oneself; see daylight
69	胜仗	Shèng zhàng	Victorious battle; victory
70	叫做	Jiàozuò	Be called; be known as
71	共同努力	Gòng tóng nǔlì	In a common effort; joint efforts; in a common endeavor; pool somebody's
72	东南	Dōngnán	Southeast; southeast China; the Southeast
73	越来越少	Yuè lái yuè shǎo	Less and less; fewer and fewer
74	名号	Míng hào	Name; title; fame
75	落荒而逃	Luò huāng ér táo	Be defeated and flee
76	多久	Duōjiǔ	How long?
77	杀得片甲不留	Shā dé piàn jiǎ bù liú	Completely destroy the enemy
78	作乱	Zuòluàn	Stage an armed rebellion; rise in revolt
79	就这样	Jiù zhèyàng	That's it; That's all; in this way
80	人们	Rénmen	People; men; the public; humanity
81	几百	Jǐ bǎi	Several hundred; hundreds of; Several hundred; a few hundred
82	非常感谢	Fēicháng gǎnxiè	Thank you very much; Thanks a lot

Chinese (中文)

在明朝的时候，东部沿海地区的人民经常受到侵扰。而这群强盗是从日本一路漂流过来的，在沿海地区为所欲为，不仅杀人放火，抢劫偷盗，谋人钱财，有的时候甚至还抓走无辜的人，抓去给他们当奴隶。当地的人既痛恨这群人，同时也惧怕这群人，人们称他们为"倭寇"。

朝廷也十分重视这件事情，派了许多将领去沿海地区平定倭寇，而这其中，最出色的便是戚继光，他的抗倭事迹非常有名。

戚继光的父亲也是一名有名的将领，在父亲的影响之下，戚继光从小就能文能武，所以在戚继光十七岁的时候，就继承了父亲的衣钵，成为了一名文武双全的青年将领，业务能力非常强。

同时戚继光也是十分爱国的一个人，在听说倭寇的强盗行为后，他十分气愤，主动请求去前线。

但是当他抵达前线的时候，他惊呆了。为什么这么说呢？因为他看到士兵们一上战场，还没开始杀敌呢，就退下阵来。

这么个打法，难怪会打败仗呢。于是戚继光身先士卒，给士兵们做好榜样，冲在最前面，其他士兵也受到戚继光的感染，开始迎敌。终于，在戚继光英勇的带领下，获得了这场战争的胜利。

戚继光也终于明白为什么倭寇一直这么嚣张了，于是他决心要组建一支强有力的军队。他另外征集了一些贫苦的农民和工人，他知道这群人是很痛恨倭寇的，有压迫就会有反抗，戚继光正是抓准了这一点。

戚继光平时严格训练，纪律严明。日复一日，年复一年，这支队伍也终于崭露出头角，打了好几场胜仗，人们把他们叫做"戚家军"。

在戚继光和戚家军的共同努力之下，东南沿海的倭寇数量越来越少了，一些倭寇甚至一听到戚家军的名号就落荒而逃。没过多久，戚继光带领戚家军把倭寇杀得片甲不留，让他们以后再也不敢随便来作乱了。

就这样，侵扰人们几百年之久的倭寇便被平定了，人们都非常感谢戚继光。

Pinyin (拼音)

Zài míng cháo de shíhòu, dōngbù yánhǎi dìqū de rénmín jīngcháng shòudào qīnrǎo. Ér zhè qún qiángdào shì cóng rìběn yīlù piāoliú guòlái de, zài yánhǎi dìqū wéisuǒyùwéi, bùjǐn shārén fànghuǒ, qiǎngjié tōudào, móu rén qiáncái, yǒu de shíhòu shènzhì hái zhuā zǒu wúgū de rén, zhuā qù gěi tāmen dāng núlì. Dāngdì de rén jì tònghèn zhè qún rén, tóngshí yě jùpà zhè qún rén, rénmen chēng tāmen wèi "wōkòu".

Cháotíng yě shí fèn zhòngshì zhè jiàn shìqíng, pàile xǔduō jiànglǐng qù yánhǎi dìqū píngdìng wōkòu, ér zhè qízhōng, zuì chūsè de biàn shì qījìguāng, tā de kàng wō shìjì fēicháng yǒumíng.

Qījìguāng de fùqīn yěshì yī míng yǒumíng de jiànglǐng, zài fùqīn de yǐngxiǎng zhī xià, qījìguāng cóngxiǎo jiù néng wén néng wǔ, suǒyǐ zài qījìguāng shíqī suì de shíhòu, jiù jìchéngle fùqīn de yībō, chéngwéile yī míng wénwǔ shuāngquán de qīngnián jiànglǐng, yèwù nénglì fēicháng qiáng.

Tóngshí qījìguāng yěshì shífēn àiguó de yīgè rén, zài tīng shuō wōkòu de qiángdào xíngwéi hòu, tā shífēn qìfèn, zhǔdòng qǐngqiú qù qiánxiàn.

Dànshì dāng tā dǐdá qiánxiàn de shíhòu, tā jīng dāile. Wèishéme zhème shuō ne? Yīnwèi tā kàn dào shìbīngmen yī shàng zhànchǎng, hái méi kāishǐ shā dí ne, jiù tuì xià zhèn lái.

Zhème gè dǎ fǎ, nánguài huì dǎ bàizhàng ne. Yúshì qījìguāng shēnxiānshìzú, gěi shìbīngmen zuò hǎo bǎngyàng, chōng zài zuì qiánmiàn, qítā shìbīng yě shòudào qījìguāng de gǎnrǎn, kāishǐ yíng dí. Zhōngyú, zài qījìguāng yīngyǒng de dàilǐng xià, huòdéle zhè chǎng zhànzhēng de shènglì.

Qījìguāng yě zhōngyú míngbái wèishéme wōkòu yīzhí zhème xiāozhāngle, yúshì tā juéxīn yào zǔjiàn yī zhī qiáng yǒulì de jūnduì. Tā lìngwài zhēngjíle yīxiē pínkǔ de nóngmín hé gōngrén, tā zhīdào zhè qún rén shì hěn tònghèn wōkòu de, yǒu yāpò jiù huì yǒu fǎnkàng, qījìguāngzhèng shì zhuā zhǔnle zhè yīdiǎn.

Qījìguāng píngshí yángé xùnliàn, jìlǜ yánmíng. Rì fù yī rì, nián fù yī nián, zhè zhī duìwǔ yě zhōngyú zhǎn lùchū tóujiǎo, dǎle hǎojǐ chǎng shèngzhàng, rénmen bǎ tāmen jiàozuò "qījiājūn".

Zài qījìguāng hé qījiājūn de gòngtóng nǔlì zhī xià, dōngnán yánhǎi de wōkòu shùliàng yuè lái yuè shǎole, yīxiē wōkòu shènzhì yī tīng dào qījiājūn de míng hào jiù luòhuāng ér táo. Méiguò duōjiǔ, qījìguāng dàilǐng qījiājūn bǎ wōkòu shā dé piàn jiǎ bù liú, ràng tāmen yǐhòu zài yě bù gǎn suíbiàn lái zuòluànle.

Jiù zhèyàng, qīnrǎo rénmen jǐ bǎi nián zhī jiǔ de wōkòu biàn bèi píngdìngle, rénmen dōu fēicháng gǎnxiè qī jì guāng.

EUNUCH DICTATORSHIP (宦官专政)

1	明朝	Míng cháo	The Ming dynasty; tomorrow morning
2	后期	Hòuqí	Later stage; later period
3	宦官	Huànguān	Eunuch
4	专政	Zhuānzhèng	Dictatorship
5	十分	Shífēn	Very; fully; utterly; extremely
6	严重	Yánzhòng	Serious; grave; grievous; critical
7	所谓	Suǒwèi	What is called
8	太监	Tàijiàn	Eunuch
9	简单	Jiǎndān	Simple; uncomplicated; plain; simplicity
10	一下	Yīxià	One time; once
11	靠山	Kàoshān	Prop; backer; patron; backing
12	他自己	Tā zìjǐ	Himself
13	一点一点	Yī diǎn yī diǎn	Bit by bit; little by little; piece by piece
14	宰相	Zǎixiàng	Prime minister; chancellor
15	信不过	Xìn bù guò	Mistrust
16	大概是	Dàgài shì	The chances are
17	政事	Zhèngshì	Government affairs
18	皇位	Huáng wèi	Throne
19	相助	Xiāngzhù	Come to somebody's help, aid, help one another
20	上位	Shàngwèi	Superior
21	免不了	Miǎn bule	Be unavoidable; be bound to be
22	从那以后	Cóng nà yǐhòu	Thereafter
23	政治舞台	Zhèngzhì wǔtái	Political arena

24	其实	Qíshí	Actually; in fact; as a matter of fact; really
25	内心	Nèixīn	Inward; heart; innermost being
26	担忧	Dānyōu	Worry; be anxious
27	毕竟	Bìjìng	After all; all in all
28	皇帝	Huángdì	Emperor
29	有一天	Yǒu yītiān	One day; some day
30	好不	Hǎobù	How; what
31	到时候	Dào shíhòu	By the time; That time; in due course; at that time
32	怎么办	Zěnme bàn	What to do now?; What should I do?
33	看出	Kàn chū	Make out; perceive; find out; be aware of
34	忧愁	Yōuchóu	Sad; worried; depressed
35	提议	Tíyì	Propose; suggest; move
36	派遣	Pàiqiǎn	Send someone on mission; dispatch
37	他们的	Tāmen de	Their; theirs
38	百官	Bǎi guān	Officials of all ranks and descriptions
39	分忧	Fēnyōu	Share somebody's cares and burdens
40	就这样	Jiù zhèyàng	That's it; That's all; in this way
41	东厂	Dōng chǎng	Eastern Depot (emperor's secret service during the Ming Dynasty)
42	基本上	Jīběn shàng	Mainly
43	其他人	Qítā rén	Others; other; the others
44	指派	Zhǐpài	Appoint; name; designate
45	非常高	Fēicháng gāo	Very high; Extremely high; Very tall

46	另一种	Lìng yī zhǒng	Another kind; alternative; yet another
47	就算	Jiùsuàn	Even if; granted that
48	越来越大	Yuè lái yuè dà	Bigger and bigger; louder and louder; larger
49	越来越	Yuè lái yuè	More and more
50	嚣张	Xiāozhāng	Rampant; arrogant; aggressive; unbridled
51	跋扈	Báhù	Domineering; bullying; bossy
52	撑腰	Chēng yāo	Support; back up; bolster up
53	谋私	Móusī	Seek personal gain
54	为所欲为	Wéisuǒ yùwéi	Do as one pleases; act on one's own will
55	举个例子	Jǔ gè lìzi	Cite a case; for example; for instance; give an example
56	人选	Rénxuǎn	Person selected; choice of persons
57	反咬一口	Fǎnyǎo yīkǒu	Make false countercharges; make a false countercharge; shift the blame to somebody
58	弹劾	Tánhé	Impeach; accuse
59	关进	Guān jìn	Shut; impound; shut-in
60	大牢	Dàláo	Prison; jail
61	惹祸	Rěhuò	Court disaster; stir up trouble; incur mischief; induce calamities
62	上身	Shàng shēn	The upper part of the body; upper outer garment
63	专权	Zhuān quán	Grab all the power
64	导致	Dǎozhì	Cause; lead to; bring about; result in
65	朝政	Cháo zhèng	Affairs of state; the political situation and power of an

			imperial government
66	混乱	Hǔnluàn	Tumble; chaos; confusion
67	加速	Jiāsù	Quicken; speed up; accelerate; expedite
68	灭亡	Mièwáng	Be destroyed; become extinct; perish; die out

Chinese (中文)

明朝中后期的宦官专政十分严重，所谓的宦官，换句话来说就是太监，那我们来简单探讨一下原因。

大家都知道，朱元璋是农民出身，背后没有权力与靠山，能取得那样的成就完全是靠他自己一点一点打拼来的。所以朱元璋创立明朝后，连宰相都信不过，害怕宰相权力太大，形成与他抗衡的一股力量，于是干脆连宰相也废除了。而宰相制的废除，便为后来的宦官专政埋下了隐患。

大概是从朱棣统治期间，宦官开始参与政事。我们前面说了，朱棣当时就是在靖难之役后谋得皇位的，在这过程中朱棣得到了太监的相助，所以才能如此顺利夺下皇位。所以朱棣在上位后，免不了要给太监一些好处，因而给了他们一些权力，从那以后，太监便登上政治舞台。

其实朱棣的内心一直都挺担忧，毕竟他这个皇帝当的很不光彩，他怕有一天，好不容易夺来的位置又被别人抢了去，到时候又该怎么办呢？

这个时候，他身边的那些太监看出了他的忧愁，便向他提议道。皇帝可以设置一支专门的机构，而这只机构直接服务皇帝，仅受皇帝的派遣。他们的职责就是监管百官，排除异己，为皇帝分忧。

就这样，所谓的东厂便诞生了。其实东厂的大部分人基本上都是太监。而他们由于不受其他人的指派，一人之下，万人之上，因而地位非常高。在另一种意义上，其实就算得上是宰相了。

慢慢的，宦官的权力越来越大，行事也越来越嚣张跋扈，仗着有皇帝给他们撑腰，以公谋私，为所欲为。那当时的宦官权利到底有多大呢？举个例子吧，他们甚至可以决定皇帝的人选。

有些大臣不满他们的行事作风，向皇帝举报他们。没想到他们还反咬一口，向皇帝弹劾这些大臣，利用皇帝对他们的信任，将这些大臣关进大牢，折磨他们。所以，大家都不怎么敢得罪宦官，生怕惹祸上身。

宦官的专权，导致了朝政的混乱，也加速了明朝的灭亡。

Pinyin (拼音)

Míng cháo zhōng hòuqí de huànguān zhuānzhèng shífēn yánzhòng, suǒwèi de huànguān, huàn jù huà lái shuō jiùshì tàijiàn, nà wǒmen lái jiǎndān tàntǎo yīxià yuányīn.

Dàjiā dōu zhīdào, zhūyuánzhāng shì nóngmín chūshēn, bèihòu méiyǒu quánlì yǔ kàoshān, néng qǔdé nàyàng de chéngjiù wánquán shì kào tā zìjǐ yī diǎn yī diǎn dǎpīn lái de. Suǒyǐ zhūyuánzhāng chuànglì míng cháo hòu, lián zǎixiàng dōu xìnbùguò, hàipà zǎixiàng quánlì tài dà, xíngchéng yǔ tā kànghéng de yī gǔ lìliàng, yúshì gāncuì lián zǎixiàng yě fèichúle. Ér zǎixiàng zhì de fèichú, biàn wèi hòulái de huànguān zhuānzhèng mái xiàle yǐnhuàn.

Dàgài shì cóng zhūdì tǒngzhì qíjiān, huànguān kāishǐ cānyù zhèngshì. Wǒmen qiánmiàn shuōle, zhūdì dāngshí jiùshì zài jìng nàn zhī yì hòu móu dé huángwèi de, zài zhè guòchéng zhōng zhūdì dédàole tàijiàn de xiāngzhù, suǒyǐ cáinéng rúcǐ shùnlì duó xià huángwèi. Suǒyǐ zhūdì zài shàngwèi hòu, miǎnbule yào gěi tàijiàn yīxiē hǎochù, yīn'ér gěile tāmen yīxiē quánlì, cóng nà yǐhòu, tàijiàn biàn dēng shàng zhèngzhì wǔtái.

Qíshí zhūdì de nèixīn yīzhí dōu tǐng dānyōu, bìjìng tā zhège huángdì dāng de hěn bù guāngcǎi, tā pà yǒu yītiān, hǎobù róngyì duó lái de wèizhì yòu bèi biérén qiǎngle qù, dào shíhòu yòu gāi zěnme bàn ne?

Zhège shíhòu, tā shēnbiān dì nàxiē tàijiàn kàn chūle tā de yōuchóu, biàn xiàng tā tíyì dào. Huángdì kěyǐ shèzhì yī zhī zhuānmén de jīgòu, ér zhè zhǐ jīgòu zhíjiē fúwù huángdì, jǐn shòu huángdì de pàiqiǎn. Tāmen de zhízé jiùshì jiānguǎn bǎi guān, páichú yìjǐ, wèi huángdì fēnyōu.

Jiù zhèyàng, suǒwèi de dōng chǎng biàn dànshēngle. Qíshí dōng chǎng de dà bùfèn rén jīběn shàng dū shì tàijiàn. Ér tāmen yóuyú bù shòu qítā rén de zhǐpài, yīrén zhī xià, wàn rén zhī shàng, yīn'ér dìwèi fēicháng gāo. Zài lìng yī zhǒng yìyì shàng, qíshí jiùsuàn dé shàng shì zǎixiàngle. Màn man de, huànguān de quánlì yuè lái yuè dà, xíngshì yě yuè lái yuè xiāozhāng báhù, zhàngzhe yǒu huángdì gěi tāmen chēngyāo, yǐ gōng móusī, wéisuǒyùwéi. Nà dāngshí de huànguān quánlì dàodǐ yǒu duōdà ne? Jǔ gè lìzi ba, tāmen shènzhì kěyǐ juédìng huángdì de rénxuǎn.

Yǒuxiē dàchén bùmǎn tāmen de xíngshì zuòfēng, xiàng huángdì jǔbào tāmen. Méi xiǎngdào tāmen hái fǎnyǎo yīkǒu, xiàng huángdì tánhé zhèxiē dàchén, lìyòng huángdì duì tāmen de xìnrèn, jiāng zhèxiē dàchén guān jìn dàláo, zhémó tāmen. Suǒyǐ, dàjiā dōu bù zě me gǎn dézuì huànguān, shēngpà rěhuò shàngshēn.

Huànguān de zhuānquán, dǎozhìle cháozhèng de hǔnluàn, yě jiāsùle míng cháo de mièwáng.

ZHANG JUZHENG REFORM (张居正改革)

1	面对	Miàn duì	Face; confront
2	没落	Mòluò	Decline; wane; sinking
3	明朝	Míng cháo	The Ming dynasty
4	内阁	Nèigé	Cabinet
5	首相	Shǒu xiàng	Prime minister; premier
6	就位	Jiù wèi	Take one's place
7	终于	Zhōngyú	At last; in the end; finally; eventually
8	有机会	Yǒu jīhuì	Have an opportunity; have the opportunity to; on the first occasion
9	推行	Tuīxíng	Carry out; pursue; implement; practice
10	大计	Dàjì	Major program of lasting importance
11	当时	Dāngshí	Then; at that time
12	小皇帝	Xiǎo huángdì	Infant emperor; spoiled child
13	年纪	Niánjì	Age
14	很多	Hěnduō	A lot of; a great many of; a good many of
15	事情	Shìqíng	Affair; matter; thing; business
16	辅佐	Fǔzuǒ	Assist a ruler in governing a country
17	皇帝	Huángdì	Emperor
18	非常	Fēicháng	Extraordinary; unusual; special; very
19	所以	Suǒyǐ	So; therefore; as a result
20	千载难逢	Qiānzǎi	It happens only once in a

		nánfēng	thousand years; difficult to meet in a thousand years; only once in a lifetime; occurring only once in a thousand years
21	机会	Jīhuì	Chance; opportunity
22	实施	Shíshī	Put into effect; implement; carry out; bring something into force
23	酝酿	Yùnniàng	Brew; ferment
24	改革	Gǎigé	Reform; reformation
25	首先	Shǒuxiān	First
26	整改	Zhěnggǎi	Rectify and reform
27	之前	Zhīqián	Before; prior to; ago
28	官员	Guānyuán	Official
29	当官	Dāng guān	Fill an office; be an official; be in the presence of an official
30	样子	Yàngzi	Appearance; shape
31	考核	Kǎohé	Examine; check; appraise; assess
32	才能	Cáinéng	Talent; ability; gift; aptitude
33	不通过	Bù tōng guò	Fail; failed
34	罢免	Bàmiǎn	Recall; remove from office; dismiss somebody from his post
35	使得	Shǐdé	Can be used; usable
36	官吏	Guānlì	Government officials
37	变得	Biàn dé	Become; get; grow
38	精简	Jīngjiǎn	Retrench; simplify; cut; reduce
39	不用	Bùyòng	Need not
40	闲钱	Xiánqián	Spare cash; spare money
41	闲人	Xiánrén	An unoccupied person; idler

42	节省	Jiéshěng	Economize; save; use sparingly; cut down on
43	支出	Zhīchū	Pay; expend; disburse; expenses
44	其次	Qícì	Next; secondly; then
45	一条鞭法	Yītiáo biān fǎ	Rule of taxation reform (in the Ming Dynasty) by combining all miscellaneous duties into one collected in silver coins instead of real goods
46	所谓	Suǒwèi	What is called
47	税收	Shuìshōu	Tax revenue
48	合并	Hébìng	Merge; amalgamate; combine; mesh
49	征收	Zhēng shōu	Levy; collect; impose
50	减轻	Jiǎnqīng	Lighten; ease; alleviate; mitigate
51	负担	Fùdān	Bear; shoulder; burden; load
52	财政收入	Cái zhèng shōu rù	Revenue; financial revenue; public revenue
53	去世	Qùshì	Die; pass away
54	按时	Ànshí	On time; on schedule
55	风俗习惯	Fēngsú xíguàn	Social customs and habits; customs and ways
56	守孝	Shǒuxiào	Observe mourning for one's parent
57	离不开	Lì bù kāi	Can't do without
58	反对党	Fǎnduì dǎng	Opposition party; the Opposition
59	抨击	Pēngjí	Attack; assail; lash out at
60	不忠	Bù zhōng	Disloyalty

61	不孝	Bùxiào	Not in accordance with filial
62	小皇帝	Xiǎo huángdì	Infant emperor; spoiled child
63	看不惯	Kàn bù guàn	Cannot bear the sight of; detest; disdain; frown upon
64	封号	Fēnghào	Title
65	家产	Jiāchǎn	Family property
66	没收	Mòshōu	Confiscate; expropriate
67	放过	Fàngguò	Let off; let slip
68	被逼	Bèi bī	Be forced
69	逃亡	Táowáng	Become a fugitive; flee from home; go into exile
70	下场	Xiàchǎng	Go off stage; exit; leave the playing field
71	改革	Gǎigé	Reform; reformation
72	功亏一篑	Gōng kuī yīkuì	Be just one step short of success; Lack a basketful; work not completed; abandon work that has been seriously undertaken;
73	注定	Zhùdìng	Be doomed; be destined; be bound to
74	迟早	Chízǎo	Sooner or later; early or late
75	有一天	Yǒu yītiān	One day; some day
76	走向	Zǒu xiàng	Run; trend; alignment; move towards
77	灭亡	Mièwáng	Be destroyed; become extinct; perish; die out

Chinese (中文)

面对没落的明朝，内阁首相张居正忧心忡忡，在明神宗就位后，张居正终于有机会推行他的改革大计了。

当时的小皇帝年纪还小，很多事情都还不懂。张居正作为内阁首相辅佐他，小皇帝也非常听张居正的话。

所以，张居正趁着这个千载难逢的机会，实施他酝酿已久的改革。

首先，张居正对吏治做了整改，他认为之前的官员没有一点当官的样子，既无才也无德。所以他提出了考核，只有为官清廉正直的官员，才能继续当官。那些考核不通过的官员，全部罢免。

这样使得官吏机构变得更加精简，国家也不用花闲钱养闲人了，节省了一大笔支出。

其次，张居正还推行了一条鞭法。所谓的一条鞭法，就是将所有的税收项目都合并，根据土地的多少征收，这样减轻了农民的负担，同时也增加了国家的财政收入。

在张居正改革期间，他的父亲去世了。按时当时的风俗习惯，张居正是应该回家守孝的。但是改革的推行又离不开张居正，所以张居正最后也没回去。一些反对党便利用这件事抨击张居正，说他不忠不孝。张居正也受到了很大的压力，但是小皇帝比较听张居正的话，所以还是把这件事情压了下去。

但是还没等张居正推行完他的主张，就遗憾去世了。这个时候那些看不惯张居正的人纷纷跳出来抨击打压张居正。不仅张居正的封号和家产都没收了,连他的家人也不放过,他们被逼的有的自杀,有的逃亡,有的被贬,总之下场非常惨。

就这样,张居正十年的改革功亏一篑,也注定了明朝迟早有一天会走向灭亡。

Pinyin (拼音)

Miàn duì mòluò de míng cháo, nèigé shǒuxiàng zhāngjūzhèng yōuxīnchōngchōng, zài míng shénzōng jiù wèi hòu, zhāngjūzhèng zhōngyú yǒu jīhuì tuīxíng tā de gǎigé dàjile.

Dāngshí de xiǎo huángdì niánjì hái xiǎo, hěnduō shìqíng dōu hái bù dǒng. Zhāngjūzhèng zuòwéi nèigé shǒuxiàng fǔzuǒ tā, xiǎo huángdì yě fēicháng tīng zhāngjūzhèng dehuà.

Suǒyǐ, zhāngjūzhèng chènzhe zhège qiānzǎinánféng de jīhuì, shíshī tā yùnniàng yǐ jiǔ de gǎigé.

Shǒuxiān, zhāngjūzhèng duì lìzhì zuòle zhěnggǎi, tā rènwéi zhīqián de guānyuán méiyǒu yīdiǎn dāng guān de yàngzi, jì wú cái yě wú dé. Suǒyǐ tā tíchūle kǎohé, zhǐyǒu wéi guān qīnglián zhèngzhí de guānyuán, cáinéng jìxù dāng guān. Nàxiē kǎohé bù tōngguò de guānyuán, quánbù bàmiǎn.

Zhèyàng shǐdé guānlì jīgòu biàn dé gèngjiā jīngjiǎn, guójiā yě bùyòng huā xiánqián yǎng xiánrénle, jiéshěngle yī dà bǐ zhīchū.

Qícì, zhāngjūzhèng hái tuīxíngle yītiáo biān fǎ. Suǒwèi de yītiáo biān fǎ, jiùshì jiāng suǒyǒu de shuìshōu xiàngmù dōu hébìng, gēnjù tǔdì de duōshǎo zhēngshōu, zhèyàng jiǎnqīngle nóngmín de fùdān, tóngshí yě zēngjiāle guójiā de cáizhèng shōurù.

Zài zhāngjūzhèng gǎigé qíjiān, tā de fùqīn qùshìle. Ànshí dāngshí de fēngsú xíguàn, zhāngjūzhèng shì yīnggāi huí jiā shǒuxiào de. Dànshì gǎigé de tuīxíng yòu lì bù kāizhāngjūzhèng, suǒyǐ zhāngjūzhèng zuìhòu yě méi huíqù. Yīxiē fǎnduìdǎng biàn lìyòng zhè jiàn shì pēngjí zhāngjūzhèng, shuō tā bù zhōng bùxiào. Zhāngjūzhèng yě shòudàole hěn dà de yālì, dànshì xiǎo huángdì bǐjiào tīng zhāngjūzhèng dehuà, suǒyǐ huán shì bǎ zhè jiàn shìqíng yāle xiàqù.

Dànshì hái méi děng zhāngjūzhèng tuīxíng wán tā de zhǔzhāng, jiù yíhàn qùshìle. Zhège shíhòu nàxiē kàn bù guàn zhāngjūzhèng de rén fēnfēn tiào chūlái pēngjí dǎyā zhāngjūzhèng. Bùjǐn zhāngjūzhèng de fēnghào hé jiāchǎn dōu mòshōule, lián tā de jiārén yě bù fàngguò, tāmen bèi bī de yǒu de zìshā, yǒu de táowáng, yǒu de bèi biǎn, zǒngzhī xiàchǎng fēicháng cǎn.

Jiù zhèyàng, zhāng jū zhèng shí nián de gǎigé gōngkuīyīkuì, yě zhùdìngle míng cháo chízǎo yǒu yītiān huì zǒuxiàng mièwáng.

www.QuoraChinese.com

www.ingramcontent.com/pod-product-compliance
Lightning Source LLC
LaVergne TN
LVHW061957070526
838199LV00060B/4178